Für
Carola
&
OMAR

Speed Coaching

with Dr. Pferd & the börd ☺

Karindrawings
Karin Clauss

Achtung!

Sis book has been written in dinglisch. I hope you könn read sis. Sonst you könn alternatively look at se piktschas from Dr. Horse and se börd. Sis is auch schön, for schur.

dear Dr. Pferd,

I feel, egal was ich tu, es ist never gut genug. It makes me so dauernervös und getrieben. This is not good. It feels like running all the time. Und Leben ist doch nicht dazu da, um durchzurennen, oder?

hach, dear börd,
This "never gut genug"

ist ein hypnotisierender Gedanke. Selbsthypnose. Und running stops you from feeling. Feeling alles. Auch the dark Shit. Unter the dark Shit is lots of light & freedom und stillness. That is scary for lots of people & börds. Weil es eigentlich ein einfacher, unspektakulärer Zustand ist.

Try it out. It is the better drug.

wieso nur bloss, wieso nur bloss
dear Dr. Pferd, kann man sich keine
Sicherheit und Bestätigung kaufen,
und hätte beides dann immerfort
an jedem Ort, das wär
doch so äußerst
praktisch.

Ich kann Dir mit Sicherheit nur eins bestätigen: Sicherheit und Bestätigung da draussen in se wörld irgendwoher kriegen Zu wollen, wird immer scheitern. Es sind aber 2 zarte Pflänzchen in Dir drin, die durch viel Liebe und Aufmerksamkeit immer größer, stärker und beständiger werden. Kostet nix. Kannste haben.

Lieber Dr. Horse,
it is so:
I häve ja
a dream, a big
dream. Und immer
wenn ich denk, cool,
Sis is it,
I do it,
I go for it, dann
Kommt ganz sicherlich
ein littl oder
big Seitenhieb
und dann bin ich total
Sicher, daß ich voll des Looserle bin,
und gar nicht gut genug für nix.
Aber what soll ich
da tun, dass ich mal
an mich glaub und so?

Dear rabbit, erstens:
you cän not
erzwing anything.
Life is super.
Es will, thät you
are häppy.
Wenn es Dir also
einen Dream in die
Hand gedrückt hat,
dann wärs günstig,
mit losgoing.
Dann EVOLUSCHN
starts to wörk.
Dann schreit das alte
ichi in Dir: NEIN,
stop, Gefahr, hast Du
voll
vergessen, daß
Du ein Looserle
bist? Dann hör
am besten aufs
ichi, und go wieder
bäck in den sicheren
Hafen, where nothing
cän happen to you.
Oder you go trotzdem.
Fühlt sich dann
zwischenzeitlich
shit on, aber
longfristy
very very good.

oh män,
es ist noch
so vieles
ungeklärt
in meinem
Leben. Too many
Bauschtells.
Und erst wenn ich
damit durch bin,
darf ich im
Frieden &
glücklich sein.

Äh, schur,
börd.
Ich treff Dich dann im
häxten Leben, wenn Du
alles geklärt hast &
ein besserer börd
geworden bist.
und endlich
mit Dir
im Frieden
und
glücklich
sein darfst.

Dear Dr. Horse,
I feel, that
the wörld is
so fast. Alle
sind so schnell.
Und ich bin
eher klein
und auch noch
very slow.

Why is this so?

What könn I do
to be at peace
mit who I am?

ah yeah, dear Schnecke, Du bist doch gar nicht für speeding gebaut. Du bist für slow gebaut.

Das ist doch very schön!

Ist es nicht genial, im Universum dieser kleine, aber feine Baustein zu sein?

Celebrate you being Pörfekty you.

That brings more peace in se whole of se Univörs.

Du, Dr. Horst,
was macht
man mit
Menschen oder
börds, die
einfach unverbindlich
sein wollen? Die weg-
rennen, wenns nah
wird? Die eigentlich
viel zu viel in Deinem
Kopf rumschwirren,
obwohl sie gar nicht
echt ein Teil von Deinem
Leben sein wollen?
Ich frag nur so hypothetisch,
für den Fall der Fälle, is klar.

Hm.

So lange Du es eventuell noch nicht voll angenommen hast, daß Du wunderschön und wertvoll bist & nur das Beste verdient hast, laufen Dir eben solche Halbherzigkeiten über den Weg.

Ist nur ein Test, wie ernst Du Dich nimmst, und dann tu Dich mit denen zusammen, die echt richtg cool mit Dir zusammen sein wollen. (So zum Beispiel ich, my dear börd, oder so)

Wenn you täke away

se DRAMA

of your life,

Was bleibt übrig?

Zeit für Küssen,
Rollschuhfahren,
Berge besteigen,
Badewannenrumliegen,
Jemandem Zuhören.
Gemüse in Stücke
schneiden.

Ein einfaches
Leben.

Was auch immer
es war,
das Dich bisher
davon abgehalten
hat, Dich zu achten
und zu ehren, es ist
Zeit, es freundlich zu
verabschieden. Es ist
Zeit, Frieden mit den
alten Geistern zu
schliessen. Es ist Zeit
für Aufbruch, für
Neues. Für einen echten
Sprung in wohltuende
Gewässer. Für ein
Freudenbad, überschäumend,
glasklar. Lebenslust
ein- und ausatmen.

Du, Dr. Horse, wenn man
alle anderen so sein lassen
kann, wie sie sind, und
man liebt sie einfach so,
dann hat
man plötzlich
viel Zeit
und Raum
fürs Da-sein,
was natürlich
schon von der Vorstellung
her sehr beängstigend ist,
aber so in reality eigentlich
ganz cool, oder?

Appsolut
cool.
Appsolut
erstrebenswert!
Appsolut
unbedingt
ab jetzt.

Dear Dr. Pferd,
glaubst Du,
dass es so was
gibt, wie die Angst
vor einfach mal so
existieren, just so,
/ weils schön ist hier
auf PLÄNET ÖRTH?
Weil dann glaub
ich, hab ich das,
und das schtresst
voll.

Ah yes. Hab ich auch.
Yoga hilft. Küssen hilft.
Arbeiten hilft. Freundlich
sein hilft. Anderen helfen
hilft. Dankbar sein hilft.
Lesen hilft. Badewanne
hilft.

Und wenn Du dann
mal tot bist, dann
schaust Du von oben
runter auf das
Weltgeschehen und merkst:
Hui, mist, umsonst gestresst.

Dear Dr. Horse,
wenn so ein blöder
Stein auf meiner
Seele liegt,
was soll ichn
da machen?
Wegschprengen?
Wegbeten?
Wegyoga oder
was denn nun?

Hach, dear börd,
höchstens
Lieben
hilft, würd
ich sagen.
Bringt alles
zum schmelzen.
Aber selbst
das Kann
man <u>nicht</u> <u>TUN</u>.

Es ist hoffnungslos,
irgendwas tolles tun zu wollen.
Hingabe ist wohl ein Zauberwort.
Deine Dämonen sind eben grad
mal wieder versammelt & wollen
unbedingt auch gesehen werden.

Gut, sagst Du, was ist eure Lieblings-
speise, ich koch euch was Schönes.
Nudeln oder so. Wenn der Stein dann
immer noch da ist, hast Du wenigstens
gut gegessen.

oh män, dr. Horse.
Es is alles immer
Zu Viel und die
Dinge überschlagen
Sich förmlich und
überfordertfühl und so.
se Hamsterrad is drehing.
Wott Könn J do against it?

Machs
einfach.
Kannst
eh nicht
Schneller und
besser als Du
Kannst.
Nicht vor se
mountain stehing
und jammering, Sondern Schritt for
Schritt losgoing. OK?
(Und atming not forgetting, gut?)

Du, Dr. Horse, ich bin voll froh, daß ich Dir immer so alles sagen kann & thät you love me with oll my Schwächen und so und dass es voll gut to be with you is und so. Thänks for thät.
yeah. geht mir auch so. is voll schön. Merci und so.

Na Kloa. Seh ich auch
So. Haste immer Futter.
Ist doch schön.
Die gelegentlichen Wut-
anfälle steckst Du weg.
Geht schon. Schwamm drüba.
Na ja und echt jetz mal,
die ganze Eigenverantwortung
die da auf einen Zukommen würde.
Und Lebendigkeit so als Lebenskonzept per se
ist echt viel zu überschätzt these days.
Lass mal lieber nochn Tee trinken.

Du, Dr. Pferd,
eigentlich ist
es doch ganz
gemütlich in
se Box. Und ab
und an kleine
Ausflüge und dann
wieder zurück & sich
freuen, dass man
was Schönes erlebt hat.
Muss man sich doch
nicht son Stress machen
mit Raus aus der Box
find ich jetz mal.

börds super Leitfaden:

↓

How to treff Entscheidungen

↓

Es geht folgendermaßen:

① Mach was.

② Steh dazu.

3a Wenns blöd ist, wirst Du es merken. → dann mach neu. ↓ bis es gut ist. (das wirst Du merken.)

3b Wenns gut ist, wirst Du es auch merken. → dann mach mehr davon.

↓

dann isses auch gut for se Wörld.

Börd hat Entscheidung getroffen:

börd trinkt erst mal Latte Macciato

bevor das Buch weitergeht.

Kunstpause.

Dear Dr. Horse,
ich fühle mich so
oft klein und
unwürdig, schüchtern
bin ich auch noch.
Ist der Zug to find
Love schon abgefahren?

Also dear Mrs. Törtl,
it helps nothing:
You musst da jetzt
rausgehen in se wörld.
Und Dich sichtbar machen.
Und Fehler machen. Und
Sich schämen und so gehört
wohl auch dazu. But
realize: Ohne Sichtbarkeit,
Kein Abenteuer, ohne
Abenteuer eine schüchterne
Mrs. Törtl waiting for Love
in se Corner somewhere.
Life is schort, Mrs. Törtl.
Get out there and take your
big Stück of the Sahnetorte.
You deserve it.

Totally

yes, look,
jeder Könn Klapp
se Flügels out
anytime & fly ein
Stück des Weges
with you.

Dear Dr. Pferd,
sind eigentlich
alle Menschen und
Pferde und alle so,
des Fliegens
mächtig, wenn nötig?

Lieber Dr. Pferd, es ist so: Jch bin nicht perfekt & bin mir deshalb unklar über meinen Beitrag zum großen Ganzen. Hab ich was beizutragen, und wenn ja, in welcher Form?
hm. schwieriger Fall. Könntest Du mir den Tee reichen, lieber Herr Jgel?

perfekt, danke!

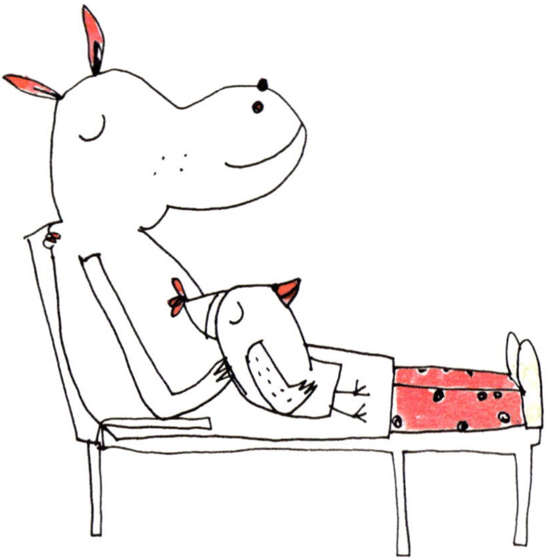

Da sein.
= sehr fein.

Du, Dr. Horse, ich finds
n bissl problemätic,
dass ich very klar weiss,
was ich will
und was mir gut tut
in my Life & dass ich
dann trotzdem immer
wieder einknicke &
Kompromisse mache,
nur um geliebt und
gelobt zu werden undso.
Jst doch very blöd, nur
weil ich angst hab, dass
ich dann mit nix dastehe.

Äh, yes, dear börd, ich kenn das.
Js verbreitet, sis Phänomen.
How könn you find out, ob Du
mit Nix und niemandem dastehst,
wenn Du zu Dir stehst? Versuchen. Stehenbleiben.
Das ist wie ein unbeschriebenes Blatt sein.
Neu. ungewohnt. Und jawohl, very holperig,
aber absolut unbedingt empfehlenswert
for chärekter development.

Du bist ein
Segen.
Weil Du da bist.

Du, börd,
ich hatte heute
schon Herrn
Mond am Telefon.
Er lässt Dir ausrichten,
dass Du ein
vom Glück
gesegnetest
Weltwunder
bist. Und
schöne Grüße
soll ich sagen.

Äh, Dr. Horse,
ich find des
voll schwierig
alles in
Balance
zu bringen
So das
every-DAY-
-DASEIN,
Love,
ÄKTSCHN,
sich gut tun,
anderen gut tun,
und dabei voll
gechillt bleiben,
wie soll denn das
bitteschön gehen?

Äh, ich find,
you mäke thät
schon extremely
good. Könne you
that mal anerkennen?
When what is
very out of
Balance,
you merk
that schon.
Wenn se
Bälle are
runter falling,
you mäke a Pause
then you heb sem
wieder auf.
Oder you nehm einen
oder zwei weniger,
that geht natürlich auch.

Dear Dr. Horse,
eventuell
manchmal (mitunter öfter)
schickt mir das

Leben die ein
oder andere
Herausforderung.

Ich tendiere dann dazu,
zu leiden, zu jammern und
zu verkrampfen, statt zu
vertrauen, thät life means
it really good with me.
How könn I be endlich mal
locker no mätta
what is häppening?
I would like the ultimative
Zauberformel please.

ahh, yah. Die alles lösende Zauberformel.

Wie war die noch gleich mal?

I think it was as banal as this:

1. Find out, who you are, and what you want to give to se wörld.
2. Find a way to Lach über the shit and your serious self.
3. Find a lifeplän for you where Life can work With (and trough) you.
4. Jetzt is very good.
5. Jetzt auch.

Du, Dear Dr. Pferd,

I do not like when peopls and börds and so are einfach over my Grenzen trampling. J know, it is a questschn of really knowing and respecting your personal Grenzen and then saying STOP when it goes too weit. Aber in my Weicheimoments J forget that. And then we have the Salat: Over the Grenzen trampling all over the pläss. Shit. How can J üb to be clear and saying STOP, before its too läte?

Ah, yes!

It is so:
Leben is very
Clever eingerichtet:
It sends you these
Strange
Grenzüberschreiting
börds and Menschen to
show you: Ahh, this is really
important to me, this I do
not like to be done to me.
It gets better as you grow
into more saying NO.
It is übing on the Übungsmatte
of life. We get better every day.
We get more precise, Knowing what is
really healthy and important in our life.
And we invite more and more
of that into our life.

I have a
good Idee:
Steig doch
mal aus
dem ganzen
omeiomeiomei-
Was-könnte-passieren-wenn-
aus & just fall in Love
mit your beautiful selbst.
Weil das erleichtert das
Leben enorm. Weil dann
Kann passieren was will,
& Du hast Halt in Dir
drin. SelfLovehalt.

Dear Dr. Pferd,
ich gebs offen zu,
ich kann gar nicht
gut aushalten, dass
sich was ändert.
Die Vorrstellung von was
Neuem fasziniert und
bestürzt mich zugleich.
Ich bin gar nicht so
like water, daß ich so
mitm flow gehe. Ich bin
eher so n' grosser Schisser
und Verpisser oder so.

Warum
glaub'
ich eigentlich
immer noch,
daß mich jemand
retten muß, und
dann wird alles
gut? Warum
geh' ich nicht hin,
dahin, wo es gut ist
und bin mir sicher,
daß ich vom Leben geführt,
gehalten und geliebt bin,
immerzu?

Na ja, das mit
dem gerettet werden
wollen von einer
externen Macht
ist ja auch
n' bissl in uns drin,
so archaisch und so,
aber vielleicht
etwas überholt.
Dann probieren wir das
eben, und wenn

der Ritter auf dem weissen Pferd nicht
kommt, oder besseres zu tun hat, als Dich retten,
dann gehst Du endlich selber los. Das olle
Warten macht ja mürbe. Und losgehen ist toll,
da passiert so viel von ganz allein. Sei Dir gewiss.

Experiment:
What, if the person
you are, is perfectly fine
~~fine~~ as you are?
(mit allen Fehlern inclusive)

Könnte es
sein, daß
Dich dann irgend-
was in Dir
sehr entspannen
würde?
(Is ja nur ein
Experiment,
muss ja nicht
gleich voll krass
in die Tat umgesetzt
werden.)

Ah, yeah!
Dear, good bird,
the Wahrheit is
sowieso the
only choice
you ever have,
if you want to be
lebendig.
It might hurt,
but it sets you
and everyone around you free.

Dear Dr Pferd,

I härv a problem wis Wahrheit.
It könn verletz others.
It könn hurt. It könn be so gemein.
But I want to be a good börd. Not a bäd börd.
I do not want to hurt anyone.

Anti -Schtress - Formula

from Dr. Pferd:

Life is clever:

Wenn you schtress yourself, then you Know:

you are in the head with something beschäftigt, that is not happening right now.

Right now is simple:

you do, What you do.

So gut, as possibL.

After right now Komms
next right now.
And you do that so gut,
as possibl.

When you are finisched*
you Könn mäke Pause.
"Ah, look what I have done.
Not so bäd at all."

*Don't tell yourself
you are never finischd,
that is Unsinn.
PAUSE & Anerkennen
is part of
lifes big
business
plän.

Für any problem in your Leben
muss es ne soluschn geben.
Börd kommt nicht alwais
selber drauf, doch Dr. Horse
passt auf ihn auf.
Der findet alle Problems kernen,
von dem kann nicht nur börd
viel lernen ☺

(Marlies Dadie)
hat für Dr. horse
und the börd
sehr schön gedichtet)

Dr. Pferd is immerzu
bereit for listening to you.
You könn unbekümmert
fragen, so thät nobody
muss verzagen.
The horse meditates a lot
and answers wisely very flott.
And can you very good verstehen
bis deeply in Dein Herz reinsehen.
Ein jedes börd merkt dann
soföort:
with me ist doch garnix verkohrt.
And so passiert the little wonder:
the börd is wieder beieinander!

(Marianne Nolde
has auch sehr schön
gedichtet.)

take care of what is there.

Text & Illustration: Karin Clauss

1. Auflage
www.karindrawings.com

Layout & Support: Marc Prinz
www.prinzdesign-berlin.de

ISBN: 978-3-943959-09-3
Printed in Germany